HOMMAGES

RENDUS à la MÉMOIRE

DE M. l'Abbé MEUNIER,

CHANOINE HONORAIRE,

CURÉ DE SAINT-SYMPHORIEN (VERSAILLES).

VERSAILLES,

IMPRIMERIE DE KLEFER, PLACE D'ARMES, 17,
MAISON DES GONDOLES.

HOMMAGES

RENDUS à la MÉMOIRE

DE M. l'Abbé MEUNIER,

CHANOINE HONORAIRE,

CURÉ DE SAINT-SYMPHORIEN (VERSAILLES).

1847

PREMIER DISCOURS.

Messieurs,

Avant que la terre ne recouvre à tout jamais les restes précieux que nous lui confions en ce moment, permettez-moi d'être le faible interprète des profonds sentiments de regrets que nous éprouvons tous. Peinés de voir notre Paroisse servir de marche-pied pour arriver aux honneurs ou à la fortune, nous étions arrivés au point de désirer un Pasteur doué de qualités moins éminentes ou de vertus plus modestes; mais le Ciel n'exauça que la dernière partie de notre vœu, en nous donnant, pour un temps trop court, hélas! l'homme de bien dont nous déplorons aujourd'hui la perte. Cette perte est d'autant plus douloureuse qu'elle était moins attendue, vu l'âge de M. l'Abbé Meunier.

Nous l'avons tous connu dans ses fonctions ou dans le conseil. Comme Prêtre, son maintien était décent, modeste, pieux et digne en tout de son saint ministère. Son caractère était doux, bienfaisant et d'une sévérité tempérée d'indulgence. *Faites ce que vous devez faire*, disait-il dans une circonstance délicate, *mais je ne veux pas de scandale.* Dans le conseil, il donnait, mais n'imposait jamais son avis, quelque juste et raisonnable qu'il pût le croire.

Placé au milieu d'une population en général peu lettrée, mais bonne, aimante et laborieuse, il lui parlait toujours un langage qu'elle pouvait comprendre et l'aidait de ses conseils. Sa bienfaisance était inépuisable, et il ajoutait toujours de sa bourse aux charités qu'il recevait et qu'il distribuait avec discernement.

Enfin, il était le bon Pasteur de l'Écriture, portant sur ses épaules la brebis fatiguée. Voilà, Messieurs, un bien faible portrait, je l'avoue, de celui que nous venons de perdre; mais mon cœur, qui sent mieux qu'il ne s'exprime, était charmé de lui dire : MEUNIER! du haut du Ciel où tes vertus te placent, car Dieu est juste, reçois le témoignage de nos profonds regrets ; vois les larmes qui coulent sur ta tombe ; protège ces enfants qui te pleurent, et sois assuré que ton souvenir sera toujours accompagné de notre estime et de notre vénération.... Adieu!!

DEUXIÈME DISCOURS.

Messieurs,

L'homme ne vaut que par le bien qu'il a fait sur la terre; la fortune dont il a joui n'est souvent qu'un heureux accident; les charges dont il a été revêtu n'ont fait que lui créer des obligations plus étroites, et les honneurs qui lui ont été accordés peuvent être le résultat du hasard.

Il convient, dans ces tristes et solennelles circonstances, d'écarter tout cela; et quand l'ange de la mort a jeté nu, dans sa dernière demeure, celui qu'il a frappé, il faut, dans ce moment où le mort ne peut plus rien réparer ni rien promettre, lui demander compte de la vie qu'il a menée sur cette terre.

Eh bien! demandons compte de cette vie, et écrivons avec une plume impartiale ce que l'austère vérité nous dictera.

M. l'Abbé Meunier, né d'une famille pour laquelle la considération publique était presque la seule fortune, fut élevé au Collége de Rodez; il y fit de bonnes études, et se plaça au premier rang dans tous ses cours. Il entra bientôt après au Séminaire de Versailles, et, après ses études terminées, il y resta comme Professeur.

Nommé Curé à Éragny, il quitta, au bout de trois ans, ce village, pour aller remplir au Séminaire de Mantes les fonctions de Supérieur. En quatre ou cinq ans d'administration, il se fit connaître, aimer et estimer de tous. Il fut neuf ans Curé à Montmorency, puis enfin, il vint au milieu de nous, où il a passé les huit dernières années de sa vie.

Voilà, Messieurs, une vie simple, modeste et bientôt racontée. Le récit en eût été plus long, si j'avais dit toutes les vertus qui l'ornèrent; mais M. MEUNIER n'avait qu'un désir, c'était de passer inaperçu. Il faisait le bien, ce n'était ni pour s'en vanter, ni pour qu'on l'en vantât. Aussi, craindrais-je en insistant, de troubler le repos de cette tombe, et d'être désavoué par celui sur qui elle va bientôt se refermer.

J'aime mieux vous peindre, en présence de

ces restes inanimés, le portrait d'un bon Prêtre, et si chacun des traits que je tracerai, nous rappelle celui que nous venons de perdre, alors l'éloge ne viendra pas de moi, mais de lui, et il sera le Sage de l'Écriture; car *ses vertus seules l'auront loué.*

Le Prêtre est l'homme des bonnes œuvres; sa vie entière y est consacrée; les pauvres sont sa famille; il pense à eux à chaque heure du jour. Quand il s'agenouille au pied de l'autel, il prie pour eux et demande à Dieu de lui envoyer les moyens de les secourir.

Le Prêtre fait deux parts du faible salaire que l'État lui donne : l'une suffit à ses besoins et au soutien d'une vie qui ne connaît ni luxe ni plaisir; l'autre appartient aux pauvres; il n'en refusera aucun que quand il n'aura plus rien à donner. Il sert d'intermédiaire entre le pauvre et le riche; il enseigne à celui-ci tout le bien qu'on peut faire avec l'or; il le reçoit de ses mains et il court le distribuer. S'il s'assied à sa table, il y porte l'exemple de la modération, de la simplicité sans sévérité ; il est là, pour rappeler, par sa présence, qu'il y en a qui souffrent, et que la charité veut qu'on les secoure.

Voyez cet homme fatigué, usé avant l'âge, enveloppé d'un vêtement qui le défend à peine des rigueurs de la saison, il traverse nos rues à toute heure du jour et de la nuit ; il ne connaît point de repos, et sa journée ne se divise pas, comme celle de tous, en deux parts, dont l'une appartient au travail et l'autre au sommeil. Son sommeil n'est jamais respecté ; si la maladie ou la mort frappe à côté de lui, il se lève et s'habille ; il part, et, la croix à la main, il se rend à son poste de combat. Il porte le poids de tous les malheurs ; c'est lui qui est chargé de le soulever et de l'alléger chez les autres. Aussi, ses traits sont amaigris, son front est dégarni, ses formes frêles accusent de bonne heure le ravage des années ; il est vieux avant le temps : sa pensée l'a vieilli.... la pensée des misères humaines, l'habitude d'en prendre sa part, de verser son ame pour les consoler, de s'épancher en efforts et en prières. Sa figure est douce et calme ; il accueille tout le monde. Vous pourriez croire qu'il ne souffre plus en voyant souffrir ; peut-être même qu'il est devenu insensible ; mais lisez sur son front et sur les traits de son visage.... vous y verrez que tout se renferme au-dedans de lui ; la lame a usé le fourreau ; cette vie trop éprouvée s'affaisse sur elle-même. A lui les maladies qui semblent en rapport intime avec l'ame. Il mourra jeune, il le sait ; mais qu'importe ! il a tant vu mourir. Il est l'homme de la mort ; il ne connaît point ce que nous appelons les plaisirs de la vie ; il a les fêtes de la conscience et les joies d'un cœur pur ; elles sont douces et sans éclat extérieur, et il sait que quand son ame, enfin dégagée, montera vers le Ciel, il y trouvera sa récompense, et que cette moisson, à laquelle il a donné ses sueurs, ne manquera pas d'ouvriers.

Eh bien ! vous tous qui m'écoutez, vous tous qui avez vu M. MEUNIER auprès de ceux qui pleuraient, au chevet du lit des malades, à genoux, près d'un mort, son image est-elle fidèlement retracée à vos yeux ? Est-ce ainsi que cent fois il vous est apparu ? Est-ce ainsi que vous l'avez vu hier couché sur le lit de mort, calme et paraissant prier ? Serai-je démenti, quand je dirai qu'il n'y en a pas un de nous réuni près de cette tombe, dans quelque rang que la fortune nous ait placés, qui n'ait eu plus de jouissances dans sa vie que cet homme qui avait renoncé à tout, même aux jouissances si pures et si saintes de la famille ?

Conservons donc à jamais son souvenir; que cette Paroisse, où il a donné pendant huit ans le bon exemple et le spectacle de toutes les vertus modestes et utiles, le mette au rang de ceux qui lui sont chers; que les pauvres bénissent sa mémoire, et que son nom soit vénéré par tous. C'est la seule récompense qui soit digne de lui sur cette terre.

EXTRAIT des JOURNAUX.

IMPARTIAL DE SEINE-ET-OISE.

« Jeudi 25 février ont eu lieu dans son église les obsèques de M. l'Abbé Meunier, Curé de Saint-Symphorien, enlevé à l'estime et à l'amour de ses Paroissiens, dans la force de l'âge. Depuis près de dix ans, M. Meunier administrait cette Paroisse avec sagesse et avait su se concilier l'estime générale par toutes les qualités qui caractérisent un bon Prêtre.

» Une ame noble, une piété sincère, une profonde humilité qui cachait beaucoup de talent sous une grande réserve; un grand amour pour les pauvres, qu'il soulageait sans faste et sans ostentation : telles sont les vertus que nous avons le plus admirées dans M. l'Abbé Meunier, et qui ont été la source de ces larmes que nous avons vues couler avec abondance pendant le service funèbre.

» L'office divin a été célébré par M. l'Abbé Chauvet, vicaire du diocèse, et qui affectionnait particulièrement le défunt. »

JOURNAL DE SEINE-ET-OISE.

Ce Journal renferme les mêmes éloges.

JOURNAL DES VILLES ET DES CAMPAGNES.

« M. Meunier, Curé de Saint-Symphorien (Versailles), vient de mourir à la fleur de l'âge. Ses qualités personnelles, sa vie édifiante et le zèle qu'il mettait à remplir tous ses devoirs avaient mérité depuis long-temps à M. Meunier l'estime de ses supérieurs et l'affection la plus vraie de ses confrères. Les habitants ont vivement senti la perte qu'ils ont faite; ils l'ont témoigné par leur empressement à se rendre aux obsèques de leur digne Pasteur, afin d'y prier pour celui qui a tant prié pour eux, et pour déposer, aux pieds de Dieu, le seul vœu qu'ils forment en ce moment, de voir succéder à M. Meunier un Curé qui marche sur ses traces et le prenne pour modèle. »

L'AMI DE LA RELIGION.

« Le diocèse de Versailles, si éprouvé déjà et si désolé, vient de subir un nouveau malheur, par la mort d'un vénérable Prêtre, M l'Abbé MEUNIER, curé de Saint-Symphorien de la ville de Versailles.

» Enlevé à l'âge de 48 ans, à l'amour de ses Paroissiens, sa vie cependant était pleine devant Dieu. Savant et modeste, pieux et charitable, bon jusqu'à l'extrême douceur, généreux jusqu'à s'oublier lui-même, il était un parfait modèle de toutes les vertus sacerdotales.

» Aussi les larmes et la douleur d'une grande Paroisse, d'un nombreux clergé, disent, plus que des paroles, combien il était aimé et vénéré! combien sa mémoire sera bénie! »

VERSAILLES,
IMPRIMERIE DE KLEFER, PLACE D'ARMES, 17,
Maison des Gondoles.

www.ingramcontent.com/pod-product-compliance
Lightning Source LLC
Chambersburg PA
CBHW061621040426
42450CB00010B/2602